SOUVENIR DES DERNIERS JOURS

ET DES FUNÉRAILLES

DE

M. LE PASTEUR LOUIS MEYER

PRÉSIDENT DU CONSISTOIRE
DE L'ÉGLISE DE LA CONFESSION D'AUGSBOURG A PARIS,
INSPECTEUR ECCLÉSIASTIQUE

Né à Montbéliard le 1er janvier 1809,
Rappelé par Dieu, à Paris, le 11 octobre 1867

DÉDIÉ A SES AMIS

Quoique mort, il parle encore.
(Hébr., xi, 4.)

PARIS

VEUVE BERGER-LEVRAULT & FILS | LIBRAIRIE FRANÇAISE ET ÉTRANGÈRE
RUE DES BEAUX-ARTS, 5 | RUE ROYALE SAINT-HONORÉ
Strasbourg, chez Vomhoff, Grand'Rue, 119
1868

SOUVENIR DES DERNIERS JOURS

ET DES FUNÉRAILLES

DE

M. LE PASTEUR LOUIS MEYER

PRÉSIDENT DU CONSISTOIRE
DE L'ÉGLISE DE LA CONFESSION D'AUGSBOURG A PARIS,
INSPECTEUR ECCLÉSIASTIQUE

Né à Montbéliard le 1ᵉʳ janvier 1809,
Rappelé par Dieu, à Paris, le 11 octobre 1867

DÉDIÉ A SES AMIS

Quoique mort, il parle encore.
(Hébr., xi, 4.)

PARIS

VEUVE BERGER-LEVRAULT & FILS | LIBRAIRIE FRANÇAISE ET ÉTRANGÈRE

RUE DES BEAUX-ARTS, 5 | RUE ROYALE SAINT-HONORÉ

Strasbourg, chez Vomhoff, Grand'Rue, 119

1868

Cette publication a été retardée par un concours de circonstances
qu'il n'a pas été possible de prévenir.

SOUVENIR

DES

DERNIERS JOURS ET DES FUNÉRAILL

DE

M. LE PASTEUR LOUIS MEYER.

C'est au milieu du mois d'août que M. Meyer ressentit les premières atteintes de la maladie à laquelle il devait succomber quelques semaines plus tard. Il était alors avec sa famille à Beuzeval (aux environs de Trouville), où il était venu plusieurs fois déjà chercher un repos rendu nécessaire par les labeurs croissants de son ministère. Il avait toujours eu pour ce séjour une sorte de prédilection, et cette année encore il jouissait avec reconnaissance envers Dieu des beautés de la nature dont il ne s'était jamais montré plus enthousiaste. Il s'était chargé de faire dans la chapelle évangélique les cultes qui y sont ordinairement célébrés, et s'acquittait avec joie de ces fonctions peu fatigantes : il recherchait aussi avec avidité les occasions de faire du bien aux âmes, et était toujours prêt à s'entretenir des choses de Dieu. Mais bientôt sa santé s'altéra et ses forces déclinèrent : de violentes douleurs de tête, qu'augmentait toute tension d'esprit, s'emparèrent de lui ; il continua néanmoins ses prédications et se refusa toujours à prendre un repos complet. Ceux qui l'ont entendu alors ne l'oublieront jamais; rien ne saurait donner à ceux qui n'ont pas assisté à ses dernières prédications une idée exacte de leur puissance[1]. Qui se serait douté, alors qu'il décrivait les réalités éternelles comme s'il fût revenu du ciel, que dans bien peu de temps les rangs des élus s'ouvriraient pour lui faire place?

Malgré son état de souffrance, M. Meyer paraissait si plein de vigueur, qu'autour de lui nul ne songeait à s'alarmer. Lui seul semblait avoir à ce moment le sentiment de sa fin prochaine. Plusieurs fois déjà il en avait parlé, et prononçant à Beuzeval son dernier discours, il avait solennellement pris congé de ses auditeurs et déclaré qu'il était monté pour la dernière fois dans cette chaire. Souvent, alors qu'il se sentait accablé et épuisé, il s'était écrié : «C'est fini, mes forces m'abandonnent, je sens que c'est la fin.» Quand on lui répondait que sans doute Dieu ne le rappellerait pas avant qu'il n'eût vu le commencement de ce grand Réveil, de ce vrai Réveil, de ce Réveil complet qu'il demandait depuis si longtemps pour l'Église, il soupirait et disait doucement: «Je le verrai du ciel.» Puis il se reprenait, et avec son

---

1. Les sujets qu'il méditait alors de préférence étaient la mort, l'éternité et la gloire des élus. On en jugera par les textes choisis par lui et les titres donnés à ses sermons: *le Don ineffable*, II Corinth., ix, 15; *Christ est ma vie*, Philipp., i, 21; *Lazare et le Riche*, Luc, xvi, 19-31; *Aujourd'hui*, Hébr., iii, 1-10.

ardeur accoutumée, il s'écriait : Ah! je l'avoue, je voudrais bien le voir d'ici! »

Le 31 août, il revint à Paris. Le lendemain, il prêcha pour la dernière fois[1]. Plusieurs personnes furent frappées de ce qui se mêlait à son ardeur accoutumée d'agitation maladive. Il reprit, malgré tout, ses occupations habituelles. Le 3 septembre, il présida pour la dernière fois le Consistoire. Mais il fut bientôt obligé d'interrompre cette activité qui avait contribué à abréger sa vie. La fatigue de tête qu'il éprouvait déjà depuis quelque temps augmenta rapidement. Les médecins déclarèrent qu'il fallait un repos absolu et un complet changement d'air. Après un court séjour à Versailles, M. Meyer en revint beaucoup plus malade. Il comprit alors la gravité du mal qui le frappait; mais la foi qui avait été la force de toute sa vie le soutint encore au moment de cette grande épreuve, et ce fut avec une humble obéissance et une entière soumission qu'il remit toutes choses entre les mains de son Sauveur. Tout se préparait pour une nouvelle absence; mais Dieu ne permit pas qu'il s'éloignât des siens. Son état s'aggrava subitement et prit bientôt le caractère le plus alarmant. Un délire intense s'empara de lui, et il fut forcé de s'étendre sur un lit de douleur qui devait bientôt devenir son lit de mort. Tant que dura sa maladie, sa dou-

---

1. Il avait pris pour texte de son sermon ces belles paroles du Psalmiste : Je suis à toi, sauve-moi ! (Ps. cxix, 94.)

cœur et sa patience ne se démentirent pas un instant : son délire même reflétait fidèlement ce qui avait été la préoccupation constante de toute sa vie; malgré l'incohérence de ses idées, on sentait battre un cœur encore tout débordant de Jésus-Christ. Sa voix passait sans cesse du ton de l'exhortation la plus véhémente aux accents les plus tendres de la prière : on voyait qu'il croyait avoir devant lui des âmes qu'il voulait à tout prix conduire au pied de la Croix. Puis il s'arrêtait un instant et se mettait ensuite à prier pour tous ceux qu'il avait l'habitude de recommander chaque jour au Seigneur.

Dieu épargna à M. Meyer les angoisses de l'agonie et les défaillances de la foi : jusqu'au dernier moment, il vécut dans une intime communion avec son Sauveur, et il s'endormit paisiblement le vendredi matin 11 octobre, remettant aux mains d'un plus sage et d'un plus puissant que lui sa famille qu'il avait tant aimée et son Église pour laquelle il avait tant prié.

Sa mort avait été sans lutte : aussi ses traits conservèrent-ils longtemps une expression de paix et de sérénité. Il semblait que le Saint-Esprit, dont ce corps périssable avait été le sanctuaire, avait laissé sur lui une ineffaçable empreinte. Ce ne fut pas pour sa famille une médiocre consolation, de voir pendant trois jours les amis et les paroissiens de M. Meyer se presser autour de sa dépouille mortelle. A le voir étendu sur sa couche funèbre, revêtu de sa robe pastorale, les mains posées sur sa vieille Bible, on eût dit un courageux travailleur doucement endormi après le dur labeur du jour.

Les funérailles eurent lieu le mardi 15 octobre. Le service fut commencé à la maison mortuaire par M. le pasteur Vallette, collègue et ami du bienheureux défunt. Après avoir invoqué avec grande émotion la bénédiction d'en haut, il lut quelques portions de la Sainte-Écriture, appelant surtout l'attention de ses auditeurs sur les textes qu'on avait adoptés pour les lettres de faire part; il s'arrêta d'abord sur cette parole : *«J'ai cru, c'est pourquoi j'ai parlé.»* — «Oui, dit-il, il avait cru et c'est par la foi qu'il parlait; cette foi, il l'a *gardée* dans *le bon combat, en achevant sa course.* Il est de ceux qui *en ont amené plusieurs à la justice,* qui ont comme une couronne d'âmes édifiées, gagnées par leur ministère et qui, dans la vie éternelle, *brilleront comme des étoiles à toujours et à perpétuité.* En attendant le revoir sans fin, réjouissons-nous à la pensée que la communion des Saints n'est pas rompue par la mort, et que, par conséquent, nous restons attachés, unis à ce cher frère, qui nous a devancés. L'Église de la Terre et l'Église du Ciel sont les anneaux d'une même chaîne; nous ne sommes donc séparés qu'en apparence; il est dans cette *«nuée de témoins»* qui nous environnent et nous encouragent; tous nous regardons à Jésus; seulement, lui, repose sur son sein, tandis que nous *poursuivons notre course.* Qu'ainsi la paix soit sur cette famille, que les consolations d'en haut, les bénédictions spirituelles de Dieu soient abondamment répandues sur cette mère, sur ces chers enfants, sur ces parents et amis venus de loin, sur nous tous !

Après l'allocution de M. Vallette, dont le sens plutôt que les mots est reproduit ici, M. le pasteur Goguel termina le service par la prière suivante :

« *Nous pleurons, Seigneur,* en présence de ce cercueil qui renferme les restes mortels de notre frère vénéré. Il nous montre toute l'étendue de la perte que nous venons de faire. Tu ne condamnes pas les larmes, car tu sais combien notre chair est faible. Toi-même tu les as sanctifiées en pleurant sur le tombeau d'un ami. Nous pleurons, mais c'est sur ton cœur où nous voulons chercher notre force et notre consolation. Nous pleurons, car notre deuil est profond, et nous sentons bien douloureusement le coup dont tu nous as frappés.

« Tu reprends à une épouse tendrement aimée l'ami que tu lui avais donné, et tu la condamnes à passer dans le veuvage la fin de sa carrière terrestre.

« Tu prives ces chers enfants, dont quelques-uns sont encore si jeunes, du père dont ils avaient tant besoin et dont les conseils et la direction leur manqueront si souvent.

« Tu enlèves à une famille entière son chef et

son appui auquel chacun s'empressait de recourir dans toutes les circonstances de la vie.

« Tu ôtes à un grand nombre d'âmes, ses enfants dans la foi, le directeur spirituel dont elles subissaient avec joie la puissante influence dans leur développement religieux.

« Et l'Église, ô mon Dieu! quelle perte pour elle! quel déchirement!... Pasteur fidèle et dévoué, fondateur de tant d'œuvres bénies, organisateur admirable! quelle impulsion il savait imprimer à tout ce qu'il entreprenait! quelle puissance d'initiative il communiquait à ses collègues!... Tu nous l'as redemandé.

« Voilà pourquoi nous pleurons! mais nous pleurons en chrétiens, avec soumission, en regardant à Toi, Seigneur, qui fais la plaie et qui la bandes; à Toi, qui vis aux siècles des siècles et qui veux être avec nous jusqu'à la fin du monde.

« Notre douleur si profonde et si légitime ne doit pas étouffer en nous le devoir et le besoin de la reconnaissance. Au milieu de nos larmes, nous voulons aussi te rendre grâces, te remercier.

« Nous te remercions, Seigneur, du bien que tu as fait à notre frère. *Tison arraché du feu*, comme il se désignait lui-même, mais tison béni, rallumé pour éclairer et réchauffer tant d'âmes au feu de ton Amour, tu l'as appelé par ta grâce à Jésus son Sauveur. Tu l'as préparé par les joies comme par les épreuves de la vie, et tu l'as mûri pour le grand jour de l'Éternité. Merci pour notre frère, car appuyés sur tes promesses, nous savons qu'après avoir combattu le bon combat et gardé la foi, il a obtenu dans ton ciel la couronne de vie.

« Nous te remercions de l'avoir donné comme un époux chrétien à sa compagne bien-aimée.

Nous te remercions de ce que, unis dans une même foi, ils ont pu te servir et te glorifier ensemble dans un même Esprit sur cette terre de souffrances et d'épreuves.

«Nous te remercions de l'avoir donné comme un père chrétien à ces chers enfants pour les introduire et les diriger dans le chemin de la piété en les conduisant à Jésus leur Sauveur.

«Nous te remercions de l'avoir donné à ces âmes si nombreuses que par son ministère tu as amenées à la vie spirituelle.

«Nous te remercions de l'avoir donné pendant trente ans, époque bien trop courte selon nos vues humaines, à l'Eglise de Paris, qu'il a édifiée par sa parole comme par l'exemple d'une vie consacrée sans partage au service de son Maître.

«Oui, nous te remercions de nous l'avoir donné... mais il n'est plus au milieu de nous!

«Fais, Seigneur, que l'Esprit qui l'animait, ton Saint-Esprit, ne nous soit pas retiré avec lui. Daigne, au contraire, le répandre avec abondance au milieu de nous pour nous fortifier dans ta grâce, nous affermir dans la foi et nous rendre plus zélés et plus fidèles à ton service en marchant sur les traces de celui qui nous a devancés dans la gloire, comme il a marché lui-même sur les traces de son Sauveur.

«Répands ton Esprit de consolation, de paix et de joie chrétienne dans le cœur de l'épouse et des enfants; montre-leur, heureux dans ton ciel, couronné de gloire et d'honneur, celui qu'ils pleurent sur la terre. Console et soutiens cette mère qui pleure au loin avec nous et qui, avec nous, regarde à Toi. Console et fortifie ces parents, ces amis, ces âmes nourries et édifiées par notre bienheureux frère. Console et bénis l'Eglise, visite-la dans ton amour et donne-lui pour pasteurs des hommes de foi et d'intelligence, de prière et d'action comme l'était M. Meyer.

«Donne-nous à tous de nous humilier profondément devant Toi en présence de ce cercueil et de puiser dans l'épreuve elle-même, par le secours de ta grâce, une nouvelle vie spirituelle pour nous consacrer tout de nouveau à ton service. Donne-nous de veiller et de prier, donne-nous d'être fidèles jusqu'à la mort, afin que nous obtenions la couronne de vie.

«Nous te demandons toutes ces grâces, ô notre Dieu! au nom de Jésus-Christ, notre Sauveur. Amen.»

Le cortége se dirigea alors vers l'église, suivi d'un grand nombre d'amis et de fidèles qui avaient voulu donner une dernière preuve de leur affection pour le pasteur qui, si souvent, les avait exhortés et consolés.

Une foule immense remplissait déjà la Rédemption lorsque la cloche annonça l'approche du convoi funèbre; le Consistoire vint rendre un suprême honneur à son Président en recevant au seuil de l'église sa dépouille mortelle. Un grand nombre de pasteurs et de laïques notables de toutes les églises évangéliques occupaient le chœur.

M. le pasteur Vallette commença le service par la lecture de la Parole de Dieu.

Puis l'assemblée entonna un cantique particulièrement aimé du défunt, qui le faisait chanter souvent, ainsi que celui que nous reproduisons plus loin.

Lorsque de ma dernière aurore
Je vois s'éteindre le flambeau,
Un soleil divin luit encore
A l'autre bord de mon tombeau.
Jésus veut m'être favorable.
Viens donc, ô Sauveur adorable,
Me rassurer, me consoler.
Entends ma dernière prière,
Environne de ta lumière
Mon âme prête à s'envoler.

De tes délices éternelles
Tu veux rassasier, Seigneur,
Tous tes élus, tous tes fidèles
Qui t'avaient consacré leur cœur.
Tandis que la tempête gronde,
Le chrétien qui sur toi se fonde,
Se rassure à l'aspect du port;
Tranquille, il t'invoque, il te prie,
Et dans la céleste patrie
Il entre sans craindre la mort.

C'est là que du bonheur suprême
Il va s'abreuver à longs traits;
Les sources en sont en toi-même,
Peuvent-elles tarir jamais?
C'est là, grand Dieu, que ta justice,
A tes enfants toujours propice,
Accomplit leur félicité;
Là, jouissant de leur victoire,
Ils chantent à jamais ta gloire
Et ton ineffable bonté.

M. le pasteur Vallette lut alors dans la liturgie une Invocation, dont les répons (Seigneur, aie pitié de nous!) furent chantés par l'assemblée :

Qui est semblable à toi! ô Éternel, qui domines dans les lieux très-hauts? Il n'y a point eu de Dieu fort avant toi, qui ait rien formé, et il n'y en aura point après toi. Tu es vivant éternellement; tu es le Dieu vivant, le Roi des siècles, immortel, le Dieu d'éternité, qui ne se lasse et ne se fatigue point; ton règne est un règne de tous les siècles, et ta domination est de tous les âges.

Seigneur, aie pitié de nous.

Nos pères s'en vont comme la fumée; ils disparaissent comme l'ombre qui décline, comme le songe qui se dissipe au matin. Nos jours se précipitent comme les ondes des torrents; ils se flétrissent comme l'herbe. Mais toi, tu es toujours le même et tes années ne finissent point.

Seigneur, aie pitié de nous.

La mort est le salaire du péché; mais le don que tu nous as fait dans ton amour, c'est la vie éternelle par Jésus-Christ notre Sauveur. Tu envoies l'adversité et tu donnes la paix; tu blesses et tu guéris; tu fais mourir et tu fais vivre; tu fais descendre au sépulcre et tu en fais remonter.

Seigneur, aie pitié de nous.

Tu es le Dieu des consolations; tu es près de tous ceux qui ont le cœur brisé et l'esprit froissé; tu relèves ceux qui sont abattus, et tu dis à ceux qui ont le cœur troublé: Prenez courage, je suis votre Dieu. Viens donc soutenir ceux que tu affliges et qui mènent deuil; répands le baume de ta grâce sur les blessures de tes bien-aimés; ranime la foi de ceux qui chancellent; vivifie leur espérance, et fais-leur la grâce de pouvoir dire avec Jésus en Gethsémané: Que ta volonté soit faite, et non pas la mienne.

Seigneur, aie pitié de nous.

La mort frappe au milieu de nous, elle nous

ravit ceux qui nous sont chers; elle nous avertit que la figure de ce monde passe, et que nous devons renoncer à tout; mais ta Parole nous annonce, en Jésus-Christ, la résurrection et la vie; elle appelle heureux les morts qui meurent au Seigneur, et elle nous promet, si nous sommes fidèles, l'héritage du royaume des cieux.

Seigneur, aie pitié de nous.

Quand nous marcherons par la vallée de l'ombre de la mort; quand nos yeux se couvriront d'un voile funèbre; quand notre âme devra livrer le dernier combat : Seigneur, fais lever sur noûs la lumière de Christ; que le soleil de justice vivifie nos cœurs; que la clarté de ta face nous rassure et nous réjouisse; que ta Parole nous soutienne, et que ton Esprit nous console à l'heure de la mort.

Seigneur, aie pitié de nous.

Mon âme, pourquoi t'abats-tu, pourquoi frémis-tu au dedans de moi. Attends-toi à Dieu; car je le célébrerai éternellement. Il est la délivrance à laquelle je regarde; il est mon Dieu.

Gloire soit au Père, au Fils et au Saint-Esprit, comme il était au commencement, comme il est maintenant et comme il sera éternellement. Amen.

L'assemblée chanta alors le cantique suivant :

Sainte Sion, ô patrie éternelle,
Palais sacré qu'habite le grand Roi,
Où doit sans fin régner l'âme fidèle,
Quoi de plus doux que de penser à toi?

Dans tes parvis tout n'est plus qu'allégresse,
C'est un torrent des plus chastes plaisirs;
On ne ressent ni peine, ni tristesse,
On ne connaît ni plainte, ni soupirs.

Tes habitants ne craignent plus l'orage,
Ils sont au port, ils y sont pour jamais,
Un calme entier devient leur doux partage,
Dieu dans leur cœur verse un fleuve de paix.

De quel éclat Jésus les environne!
Ah! je les vois tout brillants de clarté.
Rien ne saurait y flétrir leur couronne;
Leur vêtement est l'immortalité.

Pour les élus il n'est plus d'inconstance,
Tout est soumis au joug du saint amour,
L'affreux péché n'a plus là de puissance,
Tout bénit Dieu dans cet heureux séjour.

O mon Sauveur qui, par ton sacrifice,
Pour tout croyant ouvris ces nouveaux cieux,
Viens, couvre-moi de ta sainte justice
Et vers Sion élève tous mes vœux.

M. le pasteur Berger était monté en chaire. Il prit pour texte de son discours : Hébr., XI, v. 4, et parla en ces termes :

« Bien-aimés frères en notre Seigneur et Sauveur Jésus-Christ.

« Abel, dans le chapitre de notre texte, est cité en tête de plusieurs justes de l'Ancienne Alliance qui, par la foi, ont obtenu un bon témoignage, et il est écrit que, quoique mort, il parle encore par elle.

« Nous ne savons pas combien de temps durera sur la terre la mémoire du frère qui vient de nous quitter; mais, en parlant ici, le jour de ses funérailles, au sein d'une assemblée qui se compose en grande partie d'âmes qu'il a édifiées, pendant de longues années, par la prédication des vérités du salut, ne nous sera-t-il pas permis de dire que, mort, il parle encore par sa foi?

«Si sa bouche pouvait s'ouvrir pour parler, s'il était ici à ma place, il ne vous parlerait pas de ses œuvres; et, s'il vous en parlait, ce serait pour vous dire : Avant que je connusse la vérité, toutes mes œuvres n'étaient que ténèbres, et, depuis que je l'ai connue, quoique je susse que je puis tout par Christ qui me fortifie, elles sont demeurées bien pauvres, bien misérables, il n'en est pas une qui puisse soutenir le regard scrutateur du Saint des saints; pour les meilleures, je demande grâce, espérant tout de la miséricorde de Dieu en Jésus-Christ.

«Il ne vous parlerait pas de ses œuvres; il ne vous parlerait point de la vie de son âme, de cette vie intérieure, d'où découlent les vraies bonnes œuvres; et, s'il vous en parlait, il vous dirait : Je n'ai point de vie; je ne sens dans mon âme que misère, mollesse, tiédeur, lâcheté. Suis-je donc réellement converti? O Dieu, convertis-moi à toi et je serai converti. Il prierait pour que l'Esprit descende sur lui et se répande avec une riche effusion sur l'Église. Chaque fois qu'il rencontrait un ami chrétien, une de ses premières paroles était celle-ci : Demandons le Saint-Esprit.

Il ne vous parlerait pas de ses œuvres; il ne vous parlerait pas de la vie de son âme. Il vous parlerait de sa foi, non pas pour vous dire : J'ai beaucoup de foi, mais pour vous dire : Voilà la foi, la foi de l'Église, la foi de l'Église à toutes les époques, la foi de l'Église sous l'Ancienne comme sous la Nouvelle Alliance, la foi d'Abel, la foi d'Abraham, d'Isaac et de Jacob, la foi de David, la foi de tous les prophètes, la foi de saint Pierre, de saint Jean, de saint Paul, la foi de saint Augustin, de Luther, de Calvin, de Fénelon; la foi qui nous sauve, la foi qui seule est vraie.

« Et s'il vous parlait ainsi de la foi, ce ne serait point parce que tels ou tels l'ont possédée; ce serait en vous disant : Elle nous est enseignée dans la sainte Parole de Dieu, laquelle ne peut mentir. Sondez les Écritures, car c'est par elles que nous espérons voir la vie éternelle, et elles vous rendront témoignage. Sondez-les; et, au lieu de continuer à vous laisser guider par vos lumières propres et par les vains raisonnements de la sagesse humaine, mettez-vous à l'école du Saint-Esprit; le Saint-Esprit vous éclairera. Illuminés, convertis, sanctifiés par cette bonne Parole, vous connaîtrez vos erreurs, vos transgressions, la corruption de votre cœur; vos bonnes œuvres, pesées à la balance du sanctuaire, vous paraîtront bien légères; vous ne vous sentirez pas en état de subsister devant Dieu; vous vous écrierez : Que faut-il que je fasse pour être sauvé? Cette Parole vous répondra : Crois au Seigneur Jésus, et tu seras sauvé. Le Seigneur Jésus lui-même se manifestera à vous; vous arriverez à voir en Lui, non plus seulement un saint homme, un sage, un prophète, mais le Fils éternel de Dieu, votre Dieu Sauveur. Vous vous jetterez à ses pieds, en vous écriant, comme Thomas : Mon Seigneur et mon Dieu! Il vous dira : Va en paix, tes péchés te sont pardonnés. Il vous dira : Va, et il viendra, il viendra en vous pour habiter dans votre cœur, et il vous unira à Lui par de tels liens que ni la mort, ni la vie, ni les anges, ni les principautés, ni les puissances, ni les choses présentes, ni les choses à venir, ni les choses élevées, ni les choses basses, ni aucune créature ne pourra vous séparer de son amour. Vous aurez le pardon de vos péchés, l'Esprit de Dieu vous en rendant témoignage; vous aurez la paix, et, vous attachant à cet adorable Sauveur portant sa croix, tous les jours vous humiliant davantage, et tous les jours grandissant par la foi, vous irez de force en force, jusqu'à ce que vous vous présentiez devant Dieu en Sion.

«En prêchant ainsi, condamnons-nous ceux qui pensent différemment? Dieu nous garde de condamner, nous nous condamnerions nous-mêmes. Le Seigneur est mort pour tous; et il ne veut pas qu'aucun périsse, mais que tous viennent à la connaissance de la vérité. Oh! nous espérons pour tous, nous espérons pour les plus éloignés. Et, pour ceux qui déjà cherchent la vérité et s'attachent au bien, nous fondant sur cette parole du Maître : «Si quelqu'un veut faire la volonté de mon Père qui est aux cieux, il reconnaîtra si ma doctrine est de Dieu ou si je parle de mon chef», pour ceux-là nous espérons vivement, leur tendant une main de sincère affection. Combien plus nous sentons-nous unis à ceux qui, dans les autres églises, d'accord avec nous sur les doctrines fondamentales, pensent autrement sur des points secondaires! Ah! si quelquefois, entraînés par nos misérables cœurs, nous avons prononcé sur leur compte des paroles blessantes, nous en demandons pardon au Seigneur et à eux. Aimer tous nos frères, aimer tous les hommes, même les plus éloignés, les plus perdus, c'est là ce que Dieu nous commande et ce que nous lui demandons de pouvoir faire.

«Vous venez d'entendre une voix : Qui a parlé? Est-ce lui, est-ce moi? C'est lui, lui-même. Nous l'ami de son cœur, l'ami de toute sa vie, nous son fils dans la foi, nous qui lisions dans son cœur, mieux peut-être que dans le nôtre, nous avons le sentiment que, s'il était présent, il ne désavouerait pas nos paroles. O mes bien-aimés, qui, par le ministère de notre frère, avez été amenés à la connaissance de l'Évangile, venez aussi et témoignez, dites : C'était là sa foi, — et cette foi n'était pas seulement une foi de l'esprit, mais une foi du cœur, pleine de chaleur et de vie; non pas une foi stérile, mais une foi opérante par la charité et productive en bonnes œuvres. Combien d'œuvres n'a-t-il pas fondées et quel n'a pas été son dévouement pour le service du Seigneur! Il est mort à la tâche.

«Mais ne continuons pas à parler de ses œuvres; disons seulement quelques mots de ses souffrances. Elles ont été grandes et multipliées : souffrances communes à tous les enfants d'Adam; souffrances du chrétien qui vit dans un monde d'erreur et de péché; souffrances d'un cœur brûlant d'amour, qui ne cesse de soupirer pour le salut des âmes, le réveil de l'Église, et qui voit l'Église et les âmes rester dans la mort.

«Notre ami a beaucoup souffert, et la souffrance, toujours, au lieu de l'abattre, ranimait sa foi, vivifiait son amour pour Dieu et pour les âmes. Sur son lit de maladie, au milieu de ses plus vives douleurs, lorsque son esprit ne faisait plus qu'entrevoir les choses de la terre, quelle tendresse pour les siens, quel zèle à exhorter ses collègues et les amis qui s'approchaient de lui, quelle patience, quelle douceur, quelle résignation, quelle assurance pleine et parfaite du salut qui lui était acquis! Il voyait la mort s'approcher et la saluait comme une messagère de bonne nouvelle. Quand ce cri se fit entendre : «L'époux vient», l'huile brûlait dans la lampe. Oh! si j'avais attendu jusqu'ici, s'écriait-il quelques jours avant sa mort! Il était prêt; et nous pouvons, en pensant à lui, répéter cette parole: Heureux les morts qui meurent au Seigneur, car ils se reposent de leurs travaux et leurs œuvres les suivent.

«Il a cessé de souffrir, il se repose dans le sein du Sauveur qu'il avait tant aimé, et auquel bien souvent il avait dit: Mon désir est de déloger et d'être avec toi. Ah! bénissons Dieu à son sujet. Bénissons-le de nous l'avoir prêté pour un temps; bénissons-le pour tout le bien qu'il lui a été donné de faire; bénissons-le pour toutes les épreuves qui lui ont été départies, et que nos larmes, au lieu de couler avec amertume, soient répandues sur le sein de Jésus.

«Il nous reste à adresser quelques paroles à ceux qui, au milieu de nous, sont le plus profondément affligés. Vous dont le cœur est brisé par la douleur de la séparation, vous son épouse bien-aimée, vous ses chers enfants, regardez à Jésus. Vous connaissez ses consolations; il vous a pris dans ses bras, il vous a pris sur son cœur; et vous savez ce que c'est que la joie dans la douleur. Ah! regardez au Seigneur, et vous verrez dans son sein celui auquel vous n'avez peut-être jamais été plus intimement unis que depuis qu'il s'est éloigné de ce monde.

«Vous tous, mes bien-aimés, vous ses fils et ses filles dans la foi, vous qui pleurez un ami fidèle, un conducteur spirituel, sage, dévoué et plein de charité, regardez à Jésus, et vous serez consolés.

«O bien-aimés, bien-aimés, en portant une dernière fois nos regards sur le frère qui vient de nous quitter, nous vous adressons, au nom du Seigneur, cette parole: Souvenez-vous de vos conducteurs spirituels, et imitez leur foi, considérant quelle a été l'issue de leur vie. Amen.»

Le service fut terminé par une prière de M. le pasteur Matter qui n'a malheureusement pas été conservée.

La foule sortit lentement de l'église et le cortége se mit en marche pour le cimetière du Père Lachaise. Sur tout le parcours on s'arrêtait avec une curiosité sympathique à la vue du modeste corbillard, suivi d'un immense cortége de parents, d'amis, de fidèles des deux sexes et d'enfants des écoles. Lorsqu'on fut arrivé au bord de la tombe et que le corps eut été descendu dans la fosse, le chant reprit en allemand :

> Abschied will ich dir geben,
> Du arge, falsche Welt.
> Dein sündlich böses Leben
> Durchaus mir nicht gefällt.
> Im Himmel ist gut wohnen,
> Hinauf steht mein Begier;
> Da wird Gott ehrlich lohnen
> Dem, der Ihm dient allhier.
>
> Rath mir nach deinem Herzen,
> O Jesu, Gottes Sohn :
> Soll ich ja dulden Schmerzen,
> Hilf mir, Herr Christ, davon;
> Verkürz mir alles Leiden,
> Stärk meinen blöden Muth;
> Lass mich selig abscheiden,
> Setz mich in dein Erbgut.

Puis M. le pasteur Mast prit la parole au nom de la portion allemande de l'église :

«Im Namen Jesu, des Auferstandenen, der da lebet und regieret in Ewigkeit und der da will, dass auch wir leben und bei Ihm sein sollen in der Herrlichkeit. Gnade sei mit euch und Friede von Gott dem Vater und unserm Herrn Jesu Christo. Amen!

«In Christo geliebte Leidtragende! Nachdem die deutsche Gemeinde, welche dem nun in Gott ruhenden theuern Herrn Pfarrer Meyer zu grossem Dank verpflichtet ist, einige Verse eines seiner Lieblingslieder, welches auch seine Stellung zur Welt und zum Himmel eigentlich ausdrückt, nachgesungen, sei es mir vergönnt ihm an seiner noch offenen Gruft auch einige Dankesworte im Namen der Gemeinde abzustatten.

«Die Worte der heiligen Schrift, an die ich anknüpfe, und die ganz ungesucht meiner Seele vorschwebten vom Tage des Todes bis zum Augenblick, sind Philipper 2, 17 u. 18 zu lesen und lauten also:

«Und ob ich geopfert werde über dem Opfer «und Gottesdienst eures Glaubens, so freue ich «mich und freue mich mit euch Allen. Desselbigen «sollt ihr euch auch freuen und sollt euch mit «mir freuen.»

«Dieses ungemein schöne Bild, welches der heilige Apostel und treue Knecht unseres Herrn Jesu Christi auf sich anwendet, auch auf den theuren Entschlafenen anwenden zu können, ist uns bei seinem herben, höchstschmerzlichen Verlust ein sehr grosser Trost. — Gott sei gelobt, dass wir nicht am Grabe eines feilen Miethlings stehen, der sein Leben höher geachtet als das der ihm anvertrauten Schafe, sondern eines bis in den Tod getreuen Knechtes Christi; eines Mannes, dem es, wie er vor nicht langer Zeit äusserte, als die köstlichste Aufgabe des Lebens galt, sich im Dienste dessen zu verzehren, der sich für uns verzehrt am Stamme des Kreuzes. Dass dies keine Redensart war bei ihm, das ist vor Augen zu sehen. Da liegt ja die für die lieben Seinen wie für uns zu früh gebrochne Hülle seines Leibes bereits im Schoos der Erde, um nach Gottes Wille zu Erde zu werden und zu ruhen, bis der Fürst des Lebens, dem er treulich gedient, seinen nichtigen Leib verklären wird, dass er ähnlich werde seinem verklärten Leibe. Das ist gewisslich wahr! Dess trösten wir uns in Christo Jesu zu Lobe Gottes des Vaters.

«Was, meine Lieben, der heilige Apostel an die Philipper schreibt, dass er sich freue, ob er auch geopfert würde, indem er sie zurichte in ihrem Glauben ein Opfer und Gottesdienst zu werden, das dürfen wir Deutsche in Sonderheit dem lieben Heimgegangenen auch mit Dank nachsagen — und thue ich solches hiemit im Namen der hier versammelten Gemeinde und vieler Anderer, die nicht hier sind.

«Es war ihm eine Freude und Herzenssache, die in dieser grossen Stadt fremden, hirtenlosen, zerstreuten, verirrten, zum grossen Theil verkommenen deutschen evangelischen Glaubensgenossen zu sammeln in Kirchen und Schulen, sie in ihrem Glauben zu unterweisen und zu stärken, sie zuzurichten als ein Opfer und Gottesdienst dem Herrn, der sie theuer erkauft, ob er selbst auch darüber geopfert würde. Um Christi willen hat er sein Leben gering geachtet auch für uns Deutsche. — Nun dafür wird ihm geschehen nach des Herrn Wort: «Wer sein Leben verliert um meinetwillen, der wird es finden,» Matth. 10, 39. So liess ihn denn auch der Herr schon seit Jahr und Tag die Nähe seines Stündleins ahnen, das Opfer, das er werden sollte, so zu sagen im Voraus schmecken. Das stimmte ihn aber keineswegs traurig, noch veranlasste es ihn, seiner zu schonen, sondern er nahm seitdem noch alle Kraft zusammen, um noch Etliche zuzurichten im Glauben zu einem gottgefälligen Opfer und Gottesdienst. — So sei es hier gesagt, dass, nachdem er zum letzten Male mit grosser Mühe und Erschöpfung französisch gepredigt, er sich bereit erklärt unmittelbar darauf noch deutsch zu predigen, wenn der deutsche Prediger (der für den Tag ein Fremdling war, und etwas über die Zeit ausblieb) nicht kommen sollte. — Auch auf seinem vierwöchentlichen Krankenbette hat er seine letzte Kraft verzehrt mit Predigen und Beten in verschiedenen Zungen, wenn auch ohne Bewusstsein, so sehr war er in seiner Berufsarbeit aufgegangen.

«Nun, der liebe Mann, der so manchen sauren und weiten Gang für das geistliche und leibliche Wohl der Deutschen gethan, mit und ohne Dank, ja trotz vielem Undank, der manche Stunde gezeuget von Christo, und viel gebetet, der keine Ruhe hatte, wenn eine Kapelle oder Schule fertig da stand, bis dass rings um in Paris die Glaubensgenossen mit Kirchen und Schulen versorgt waren, und er sich darüber abgesorgt, der liebe Mann darf nun ruhen von seiner Arbeit, ruhen in Gott und seine Werke folgen ihm nach, denn sie waren in Gott gethan. Ja, der Herr, dem er sich geopfert, lasse ihn recht ausruhen und ausschlafen bis zur seligen Auferstehung des Leibes, daran wir keinen Zweifel haben!

« Wir aber, meine Lieben, und du deutsche Gemeinde, in deren Namen ich rede, was sollen *wir* nun thun, Angesichts dieses herben, schmerzlichen Verlustes? Sollen wir uns der Traurigkeit überlassen — klagen und zagen? Das wäre nicht im Sinne des theuren Entschlafenen gehandelt. Nein — gleich wie der heilige Apostel würde er uns jetzt, wenn er reden könnte, sagen: *Freuet euch mit mir*, dass ich ein Opfer zu sein gewürdigt und begnadigt bin; *freuet euch, und preiset Gott mit mir*, dass er mir solche Liebe und Opferfreudigkeit für euch Fremdlinge ins Herz gegeben und darin behalten bis an mein Ende; *freuet euch mit mir*, wie ich mich freute mit Euch, da unsere Arbeit im Herrn nicht vergeblich war; *freuet euch mit mir*, denn der Herr hat Grosses an mir gethan — mir ist das Loos gefallen aufs Liebliche — der Herr lohnt mir ehrlich, wie ihr vorhin gesungen, und setzt mich in sein Erbgut.

«O nein, meine Lieben, wie sehr auch die Traurigkeit Raum haben möchte und die Freude verdrängen, über einen Mann der der argen falschen Welt längst Abschied gegeben, dem Christus Leben und Sterben Gewinn war, dürfen wir nicht in Traurigkeit versinken, wenn auch das Herz zur Stunde blutet; wir würden ihm einen schlechten Dienst thun. — Wollet ihr euch nun dankbar beweisen gegen Gott und diesen seinen bis in den Tod getreuen Knecht, so thut was der heilige Apostel Vers 16 schreibt, und was der Entschlafene euch, falls er jetzt reden könnte, an's Herz legen würde, nämlich: *Haltet ob dem Wort des Lebens, mir zu einem Ruhme an dem Tage Jesu Christi, als der ich nicht vergeblich gearbeitet und gelaufen habe.* —

«Es wäre uns auch grosse Sünde und ewige Schande wenn seine lebendigen Zeugnisse von Christo, dem Wort des Lebens, wenn seine unermüdliche Arbeit, sein vieles Rennen und Laufen, an uns vergeblich wäre. Da sei Gott vor! Den

Dank lasset uns ihm ernstlich bringen, dass er doch den Ruhm und die Freude habe an jenem Tage zu Christo zu sagen: Da sind sie, die lieben Pariser, denen ich dein Wort gepredigt und die ich gesammelt habe. Willkommen ihr Lieben, willkommen Gross und Klein die ich geliebt, für die ich ein Opfer werden durfte, — lass sie, o Herr! mit mir eingehen zu deiner Freude!

« O habe Dank, tausend Dank von der ganzen deutschen Gemeinde, von den Predigern und Hörern, von den Grossen und Kleinen, von den Reichen und Armen. Friede sei mit deiner Asche, Ruhe in Gott! bis zum frohen Wiedersehn! Ja, auf Wiedersehn bei Christo. Amen! »

On répondit à ces paroles par un nouveau chant:

> Christus der ist mein Leben,
> Sterben ist mein Gewinn;
> Dem thu' ich mich ergeben,
> Mit Freud' fahr' ich dahin.
>
> Mit Freud' fahr' ich von dannen
> Zu Christ, dem Bruder mein,
> Auf dass ich zu ihm komme,
> Und ewig bei ihm sei.
>
> Ich hab' nun überwunden
> Kreuz, Leiden, Angst und Noth:
> Durch sein' heilig' fünf Wunden
> Bin ich versöhnt mit Gott.

M. le pasteur Grandpierre, président du Consistoire, exprima ensuite en ces termes les regrets de l'Église réformée :

« Mes amis, mes frères et mes chers auditeurs,

« Il y a eu sept mois hier que le cher et vénérable frère dont le deuil nous remplit tous d'une douleur sympathique si profonde, prononçait, sur la tombe du président du Consistoire de l'Église réformée de Paris, le regrettable pasteur Juillerat, les paroles que vous allez entendre. Après avoir donné à notre Église réformée de la capitale les assurances d'une fraternelle et cordiale sympathie; après avoir béni Dieu de la fermeté persévérante avec laquelle notre vénérable président défunt avait gardé la foi, pendant une longue carrière, malgré les orages qui ont assombri et qui ébranlent encore le ciel de notre Église, il termina son allocution en disant :

« Ah ! que Dieu nous la donne, cette foi, à nous «surtout qu'il a chargés de la prêcher, à nous «qu'il a établis pour la mettre en lumière et pour «l'élever comme un glorieux drapeau au milieu «des hommes ! Qu'il la fasse vivre, grandir, brû-«ler dans nos âmes, sur nos lèvres, dans notre «vie ! et qu'à l'heure où, autour de notre cercueil, «quelques chrétiens seront assemblés, comme au-«près de celui-ci, on puisse, sur notre vie comme «sur la sienne, déposer ce témoignage plus beau «qu'une couronne: « J'ai gardé la foi. »

« Qui eût dit, à ce moment-là, mes frères, qui eût pressenti seulement que notre ami serait le premier à réaliser ce vœu sorti tout brûlant de son âme, le premier appelé à accomplir cette prière chrétienne ?

« Et maintenant, qui de nous sera rappelé par le Maître, quand Il viendra la prochaine fois ? Qui de nous, se tournant vers lui avec sollicitude, ne lui demanderait pas, comme autrefois l'un des disciples : «Seigneur, sera-ce moi ? Si telle est ta volonté, et quoi qu'il en soit, donne-moi, ô Jésus, d'être prêt, et dans cette attente, de tenir mes reins ceints et ma lampe allumée ! »

« Quant à notre frère bien-aimé, dont la froide dépouille est là devant nous, vous savez, mes frères, s'il a gardé la foi pure, intacte, sans broncher et sans varier; cette foi qui était tout ensemble la lumière, la joie, la force, le mobile de sa vie entière! Ce sont de pieux souvenirs qu'il nous laisse; ce sont aussi de salutaires exemples que vous nous donnez, frères de l'Église de la Confession d'Augsbourg à Paris. Lui et vous, vous et lui, dans la diversité de vos dons individuels et malgré la divergence inévitable des points de vue secondaires, vous étiez *uns* pour aimer ensemble, confesser ensemble, servir ensemble le seul nom qui ait été donné aux hommes pour être sauvés, Jésus-Christ, le seul fondement qui ait été posé comme base de l'Église, Jésus-Christ crucifié, qui, s'il est scandale aux Juifs et folie aux Grecs, est pour tous ceux qui croient en lui la puissance de Dieu et la sagesse.

« Vous demeurerez unis, après comme avant ce grand deuil, pour continuer, poursuivre et achever votre tâche dans la communion d'une même foi et d'un même amour; vous apprendrez ainsi au monde et vous rappellerez à l'Église que dans cette union des cœurs et des âmes est le secret de sa paix et de sa vie; vous les convaincrez l'un et l'autre par ce fait qui vaut toutes les théories: que l'unité de foi produit l'unité de sentiments, que l'unité de sentiments provoque l'unité d'action, et que l'unité d'action engendre l'unité des œuvres.

« Puissions-nous, frères bien-aimés, après avoir reçu de vous et de votre Église cette leçon, la transmettre à d'autres, et, comme Église et comme individus, proclamer avec une douce et sainte expérience personnelle qu'il y a un seul Dieu et

Père, un seul Seigneur, un seul Esprit, comme il y a une seule foi, un seul baptême et un seul corps de Christ.

«Me permettrez-vous de l'ajouter, bien-aimés frères? Votre Église n'a pas toujours été ce qu'elle est aujourd'hui. Nous l'avons connue moins diligente et moins active dans l'œuvre du Seigneur; ce qu'elle est devenue par ses œuvres pieuses, ses fondations chrétiennes et le bon ordre que nous y voyons, est un encouragement pour ceux de vos frères qui soupirent après un état pareil. Plusieurs ouvriers, depuis plusieurs années, ont coopéré aux heureux résultats obtenus; ils se sont dévoués à cette tâche dans la mesure de leurs dons personnels et avec le degré de leurs capacités propres. Mais j'ai la douce conviction de ne faire tort à personne et de ne froisser personne, en disant ici, devant Dieu et sur le bord de cette fosse, que, par la grâce du Seigneur, Louis Meyer a eu une bonne et large part dans le développement réjouissant de la vie et des œuvres chrétiennes au sein de votre Église.

«Sa piété douce et pourtant virile, son zèle soutenu, son esprit de prière toujours vigilant, sa vie intérieure pleine et abondante, son activité incessante et ses dons remarquables d'organisation et d'administration, ont reçu la consécration d'en haut, ont été marqués d'un secours divin visible à tous les yeux.

«Que le Seigneur bénisse la mémoire du frère bien-aimé qu'il vient de nous redemander! Qu'il bénisse l'œuvre qu'il l'a rendu capable de faire! Qu'il bénisse sa chère famille, si profondément éprouvée et si miséricordieusement soutenue! Qu'il bénisse son Église, qui était sa seconde famille, sa famille d'adoption, sa famille tendrement aimée!

« Quand une Église perd un serviteur de Dieu
de cette valeur, elle semble faire une perte irré-
parable. La perte, toutefois, n'est qu'apparente.
Car en lui disant adieu, ce témoin fidèle lui lègue
sa vie et son exemple, qui sont un inépuisable
trésor. Il lui laisse surtout le legs inappréciable
de la Parole de vie et de l'Esprit de Dieu, qui
feront jusqu'à la fin du monde les pasteurs de la
trempe et du caractère de L. Meyer, comme ils
ont fait dans tous les siècles passés les prophètes
et les apôtres. »

M. le pasteur Bersier continua ainsi :

« Au nom des églises libres de Paris, auxquelles
s'associeront toutes les églises libres de France,
je viens, à mon tour, exprimer au bord de cette
fosse la douleur profonde que nous a causée la
mort de M. Louis Meyer. Si j'écoutais mon cœur,
je parlerais longtemps; mais je me souviens que
le temps est court, et je ne puis qu'essayer, malgré mon émotion, de dire tout ce que nous avons
perdu par ce coup qui nous a tous atteints.

« Quand la douloureuse nouvelle s'est répandue,
quand nous avons su que M. Meyer était mort,
n'est-il pas vrai qu'une des paroles qui nous ont
échappé les premières a été celle-ci : « Un homme
fort est tombé en Israël » ? Oui, c'est un homme
fort qui est tombé; ce qui le rendait fort, c'était
sa foi. M. Meyer était avant tout un homme de
foi. C'est par là qu'il nous frappait. Il appartenait
à cette vigoureuse génération du réveil dont tant
de membres nous ont quittés. Hélas! quand on
voit tomber ceux-là, on se demande avec inquié-
tude qui pourra les remplacer. C'est devant l'en-
nemi que se dégarnit notre front de bataille. Qui

nous rendra la foi qui a fait les hommes du réveil? C'est la foi qui a été le principe du ministère si puissant de M. Meyer; c'est elle qui l'animait toujours et partout; c'est elle qui vibrait jusque dans ses moindres conversations et qui donnait à sa parole un accent incisif et pénétrant; et comme cette foi avait été sa force dans la vïe, Dieu a permis qu'après sa mort elle se reflétât en quelque sorte sur son front et dans ses traits, de telle manière qu'en le contemplant, nous avons tous retrouvé en lui le paisible triomphe de la foi victorieuse à l'issue du combat.

«Chez M. Meyer, à côté de l'homme de foi, il y avait aussi l'homme de cœur; tous le savaient, même ceux dont il combattait souvent les idées; cette vie du cœur qui débordait chez lui était puisée à la source même de l'amour de Dieu. Oui, l'amour de Dieu remplissait son âme. Il est du petit nombre de ceux dont on peut dire, sans rien exagérer, que le zèle de la maison de Dieu les rongeait. Parce qu'il aimait beaucoup, il souffrait beaucoup; il souffrait des misères de l'Église, des défaillances de la foi, des lenteurs du règne de Dieu; il en souffrait dans le plus profond de son âme; il y songeait sans cesse; dès ses premiers mots, quand on l'abordait, on retrouvait chez lui cette préoccupation. Il n'était pas satisfait, il ne pouvait pas l'être; il rêvait un autre idéal, une autre vie, il y tendait, et j'ose dire que cette anxiété a contribué à abréger sa vie.

«Mais cela n'ôtait rien à la chaleur de son affection; chez lui elle était particulièrement expansive; il avait l'heureux don de la communiquer. Où qu'il entrât, on sentait un rayonnement de chaleureuse sympathie. Où le sentait-on mieux qu'à son foyer? Où le vide sera-t-il aussi plus grand? Où la consolation du Seigneur sera-t-elle plus nécessaire?

« Et tous ces dons du cœur, toute cette puissance de foi et de vie se traduisaient en une infatigable activité, dont le souvenir nous avertit et nous humilie. Activité extérieure! Que d'œuvres par lui fondées, soutenues par un dévouement personnel, intense, de tous les instants! Quelle multiplication de ses heures et de ses forces! Que de labeurs rebutants, ingrats, exigeant une persévérance inébranlable! L'âge qui s'avançait n'y faisait rien; il était toujours à la brèche, c'est là que la mort l'a trouvé, et jusque dans son délire, tous ces intérêts qui absorbaient sa vie, reparaissaient et venaient envahir son esprit.

« On se demande comment ces travaux incessants ne desséchaient pas la source de l'activité intérieure. Pourtant elle ne tarissait pas. La vie de son âme était à la hauteur de ses travaux extérieurs. Au milieu de ses absorbantes occupations, on retrouvait toujours le pasteur, j'entends le pasteur qui interroge votre âme, qui la connaît, qui la console. Peu d'hommes parmi nous ont exercé, dans ce sens, leur ministère d'une manière plus intime et plus profonde. Il y avait entre lui et les âmes des liens spirituels particuliers; elles sentaient son action. Dans ses visites, après quelques mots, M. Meyer touchait le fond intime de l'être; il remuait, il consolait. Quelque chose passait de lui en vous.

« J'essaie de dire ce que nous avons perdu, mais je sens que je ne le puis pas. Encore une fois, c'est notre douleur que j'ai voulu exprimer. Nos églises sont solidaires; nous le sentons quand l'une d'elles est frappée; avec vous, nous avons été atteints. Que de coups pareils depuis quelques années! Eh bien! puisque Dieu, dans ses voies qui ne sont pas les nôtres, éclaircit nos rangs, c'est à nous de les resserrer, c'est à nous d'entourer de plus près la croix de notre Maître, et de nous engager tous de nouveau, au bord de cette tombe qui nous rappelle un ministère si fidèle, à mieux consacrer à Dieu nos cœurs et nos vies!»

Enfin M. le pasteur Guillaume Monod, l'un des plus anciens amis de M. Meyer, résuma en ces mots ses regrets personnels et ceux de sa famille :

«Messieurs et chers frères,

«Qu'il me soit permis, après tant de témoignages justement rendus au vénéré et bien-aimé frère et pasteur que nous pleurons, de prononcer sur sa tombe encore quelques paroles, les paroles d'un ami et d'une famille amie. C'est dans la maison de mon père que Louis Meyer fut amené, par la grâce de Dieu, à la connaissance de la vérité. J'ai lieu de croire qu'un membre de la famille, une femme plongée alors dans une grande affliction, lui fut en bénédiction par sa foi. Dieu se sert des choses faibles, quand il le veut, pour préparer les choses fortes. C'était le temps où Frédéric Monod, à Paris, Adolphe Monod, à Lyon et à Genève, travaillaient avec puissance d'en haut et remuaient saintement l'Église. Mon père, — j'ai appris ce détail de la famille de notre ami, — le poussa à entrer au service de l'Église de la Confession d'Augsbourg, à Paris, et appuya de son influence le projet de confier à

M. Meyer le poste laissé vacant par la mort de M. Boissard. Séparés d'Église et quelquefois séparés d'opinion sur des points qui ne touchaient en rien aux fondements de l'Évangile, ni à ses grandes vérités, Louis Meyer, Frédéric et Adolphe Monod et moi-même, nous nous sentions comme de la même famille, tant l'amitié qui nous unissait était étroite, et tant était étroit aussi l'accord entre nous dans la foi au Sauveur et à l'autorité des Écritures! Sur son lit de mort, Adolphe n'avait pas, après ses frères ou avec ses frères, d'ami, de compagnon d'œuvre en qui il eût plus de confiance que Meyer. Les voilà réunis là où il n'y a plus de mort ni de pleurs, ces trois vaillants serviteurs de Christ. Le voilà reformé, au delà de la tombe et pour n'être plus brisé, ce trio de combattants maintenant couronnés et rendant grâces! Nos trois églises ont perdu, chacune à son tour, un de leurs conducteurs et de leurs défenseurs les plus fidèles et les plus bénis, au fort de leur activité. Mais elles n'ont pas perdu, elles ne perdront pas le fruit de leurs travaux, ni le souvenir de l'exemple qu'ils nous ont donné. Et puissent-elles ne pas perdre le souvenir de leur fraternelle et tendre union! puissent-elles perpétuer le souvenir de cette union en l'imitant! Cher Meyer, puissions-nous tous te prendre pour modèle de fermeté dans la foi unie à la tendresse du cœur, de persévérance dans la prière, d'infatigable dévouement au service de Christ! Je veux dire ici, avant de quitter cette tombe, que le dernier sujet d'entretien et de correspondance que j'eus avec toi, ce fut le vœu que tu formais, et que je formais avec toi, de voir se rapprocher les véritables défenseurs de la croix dans les Églises réformée et luthérienne.

Ah! Messieurs et chers frères, encore un combattant de tombé! serrons nos rangs autour du capitaine de notre salut, nous tous qui combattons pour lui, et la victoire sera à lui, et, par conséquent, à nous. Et vous, famille qui pleurez ce zélé serviteur de Christ, ce mari, ce fils et ce père si digne d'être aimé, pleurez, mais en pleurant bénissez, et recueillez avec actions de grâces le précieux héritage qu'il vous laisse. L'Eglise pleure avec vous et prie pour vous. Dieu entendra vos pleurs et les pleurs de son Église, et vous consolera selon la grandeur de son amour pour lui et pour vous-mêmes. Amen!»

M. le pasteur Vallette jeta alors la terre sur le cercueil, prononça la prière finale et donna la bénédiction à l'assemblée.

Tandis que le chœur allemand entonnait un chant de résurrection, les assistants commencèrent à se retirer avec recueillement, après avoir jeté encore un regard sur cette tombe, à peine fermée, qu'éclairaient les derniers rayons du soleil couchant. Une paix profonde dominait la tristesse dont tous étaient remplis et montrait qu'ils ne *cherchaient plus parmi les morts celui qui était vivant;* que, si cette séparation faisait couler leurs larmes, elle avait ranimé leur foi et confirmé leurs espérances.

Strasbourg, imprimerie de Vᶜ Berger-Levrault.

STRASBOURG, IMPRIMERIE DE VEUVE BERGER-LEVRAULT.